CON GRIN SU CONOCIMIENTOS VALEN MAS

Enrique del Cerro Calderón

Principales Etapas en la Transmisión de los Textos Griegos

GRIN Publishing

Bibliographic information published by the German National Library:

The German National Library lists this publication in the National Bibliography; detailed bibliographic data are available on the Internet at http://dnb.dnb.de .

Imprint:

Copyright © 2011 GRIN Verlag, Open Publishing GmbH
Print and binding: Books on Demand GmbH, Norderstedt Germany
ISBN: 978-3-656-31446-2

This book at GRIN:

http://www.grin.com/es/e-book/199781/principales-etapas-en-la-transmision-de-los-textos-griegos

GRIN - Your knowledge has value

Since its foundation in 1998, GRIN has specialized in publishing academic texts by students, college teachers and other academics as e-book and printed book. The website www.grin.com is an ideal platform for presenting term papers, final papers, scientific essays, dissertations and specialist books.

Visit us on the internet:

http://www.grin.com/

http://www.facebook.com/grincom

http://www.twitter.com/grin_com

PRINCIPALES ETAPAS EN LA TRANSMISIÓN DE LOS TEXTOS GRIEGOS

Enrique del Cerro Calderón
"La transmisión de los textos griegos y latinos"
Máster en el mundo clásico y su proyección en la cultura occidental
Curso 2010 2011

Índice:

Introducción:

La historia de la transmisión de los textos griegos es un fenómeno complejo a la vez que apasionante. En la actualidad contamos con una buena muestra de lo que el genio griego fue produciendo a lo largo de un vasto período de tiempo, desde la Antigüedad hasta nuestros días. Sin embargo, no conservamos nada más que una pequeña parte de lo que debió ser aquella producción. Aunque algunos textos nos han llegado directamente de manos de su autor, normalmente, la transmisión de la cultura griega ha estado sujeta desde el principio a procesos selectivos que dependían, entre otras cosas, del canon estético de las distintas épocas, de los cambios en el soporte material escriturario así como cambios en los tipos de escritura empleados. A pesar de todo, lo que conservamos nos ha llegado gracias a la labor de personas que, generación tras generación, se fueron preocupando de copiar una y otra vez unas obras que consideraron dignas de ser conocidas y transmitidas a las generaciones futuras.

En el presente trabajo vamos a centrarnos en cómo se ha producido la transmisión de los textos griegos en las diferentes etapas históricas que suelen considerarse tradicionalmente: la Antigüedad o época prealejandrina, la época helenística, la época romana, la época bizantina, el renacimiento bizantino, el renacimiento italiano y, por fin, la imprenta cuya invención aseguró para siempre la transmisión y copia a gran escala de los textos.

La Antigüedad:

La característica más relevante de la época arcaica griega es el fenómeno de la oralidad. Los textos se componen para ser escuchados y, por tanto, la composición literaria precede a la escritura. A pesar de que a mediados del siglo VIII a.C. se adopta una variedad del alfabeto fenicio para transcribir el griego, la composición de carácter oral perdura. La razón más sencilla es la de que, en la época, pocas personas eran capaces de leer y escribir. El público escuchaba los distintos tipos de composición, bien de la boca de su autor, bien de la de otra persona y muchas de las composiciones, como la épica homérica, debieron transmitirse de boca en boca, de generación en generación dando lugar, al mismo tiempo a multitud de versiones, algo así como lo que ocurre con el cuento popular en nuestra época.

Solo cuando se consideró necesaria la supervivencia de la composición a la vida de su autor empezó a utilizarse la escritura de forma más sistemática. La idea básica venía del mundo de las leyes. Era obvio que estas debían perdurar mucho más tiempo de lo que durase la vida de sus legisladores. Es por ello que fueron los primeros textos en ponerse por escrito. En esta época, el criterio de conservación de la literatura se limitaba a disponer únicamente de un solo ejemplar escrito cuyo autor solía depositar en un templo donde, quien quisiera, podía consultarlo o copiarlo si podía permitirse pagar el costoso soporte material. El libro empieza a generalizarse en Atenas a partir del s. V a.C. y, poco a poco, la comunicación autor/receptor pasa de ser oral a ser escrita, creándose alrededor de esto un naciente mercado editorial y las primeras bibliotecas. Paralelamente, hemos de mencionar que este fenómeno hizo que se perdieran muchas obras que, hasta entonces, se habían transmitido oralmente. Un siglo después, Atenas adopta como oficial el alfabeto jonio al cual se transcriben las obras escritas en otros alfabetos. Todo lo que no se transcribió se perdió para siempre.

El principal soporte escriturario en la Antigüedad era el volumen o rollo de papiro, hecho de fibras trenzadas de esta planta que crecía en Egipto. Dos caras superpuestas de tiras de papiro se pegaban perpendicularmente y se prensaban para formar hojas que, a la vez, se pegaban en fila para formar el rollo. El tamaño de la hoja contenía una columna de escritura de aproximadamente 25 cm de alto y entre 20 y 25 líneas.

El texto se escribía fundamentalmente por una sola cara y en columnas sucesivas. De otro modo, todo lo que se hubiera escrito en el reverso se habría borrado con facilidad. Además, los copistas preferían usar principalmente la cara en que las fibras estaban en horizontal.

El texto se leía desenrollando poco a poco con una mano y se enrollaba con la otra según se iba avanzando en la lectura hasta darle la vuelta completa al rollo. Para que otro lector pudiera leer el texto, había que desenrollarlo de nuevo y volver a empezar.

Esto planteaba obvias incomodidades debido a la longitud y a la fragilidad del material en cuestión. Por esta razón, a la hora de citar, se prefería hacerlo de memoria.

Se escribía en mayúsculas, al igual que en las inscripciones en piedra. No se separaban las palabras y tampoco había signos de puntuación ni de acentuación.

La materia prima procedía casi en exclusiva de Egipto. Esto produjo problemas de distribución y fluctuación en el precio, lo que llevó a la invención del libro en pergamino que fue de uso común a partir de los primeros siglos de nuestra era.

En realidad, los textos más antiguos que conservamos en papiro son del s. IV a.C. pero suponemos que los del s. V debían de tener una forma análoga.

Por último, es importante mencionar que las copias de los textos en esta época las hacían copistas a sueldo a los que no se les exigía demasiada precisión ni perfección de modo que los errores de copia debieron ser bastante frecuentes.

Época Helenística:

Tras su muerte, Alejandro Magno dejó como legado un vasto y heterogéneo imperio unificado únicamente a través de la tradición cultural y de la lengua griega común o koiné. Al entrar en contacto con otras culturas tan ricas como la egipcia, por ejemplo, se toma conciencia del carácter diferente de la tradición griega y de la necesidad de conservarla. En el Egipto ptolemaico los gobernantes se convierten en mecenas para la conservación de esa tradición. A imitación del Liceo de Aristóteles se crean el famoso Museo de Alejandría y su Biblioteca (en cuyo momento álgido pudo llegar a contener unos 490000 volúmenes) con la intención de conservar y estudiar las obras más significativas. Tal obra no se dejó en manos de cualquiera sino que, para llevarla a cabo, se recurrió a especialistas. Se adquirieron obras, se copiaron textos que fueron analizados y depurados previamente sentando, a su vez, las bases de la ciencia filológica. Por fin, se creó lo que se conoce como "canon alejandrino", una lista de autores y obras que se consideraron dignas de estudio y de copia.

El primer trabajo importante que se llevó a cabo fue la edición que Zenódoto hizo de los poemas de Homero. Parece que no escribió comentarios pero sí que cotejó varias versiones para fijar el texto. Utilizó un signo llamado *óbelos* (—) para marcar aquellos versos que consideraba espurios, tradición que continuaron sus sucesores. Uno de ellos fue Aristófanes de Bizancio. Estudió la tragedia y, entre sus aportaciones más importantes, está el establecimiento de la colometría para los textos líricos y el uso de otros signos críticos como la *coronís* y la *parágrafos* para llamar la atención sobre distintos aspectos del texto. Utilizó los escolios para hacer aclaraciones y parece que fue el primero en utilizar en sus ediciones signos de puntuación ayudando en gran manera a la comprensión de unos textos que aún se redactaban en *scriptio* continua. Su discípulo, Aristarco de Samotracia, es considerado el mejor crítico de Homero. Recurrió a conjeturas, aunque no las incorporó al texto, escribió un comentario para explicar el texto de Homero y estableció que las dificultades que plantea un autor deben explicarse, siempre que se pueda, a partir de otros textos del mismo autor.

En esta época, además de en Alejandría, se llevaron a cabo trabajos con los textos también en Pérgamo donde también se creó una biblioteca de la cual nos han llegado menos noticias que la de la de Alejandría. Los estudiosos de Pérgamo no se especializaron en la edición de autores clásicos. Más bien hicieron breves monografías de aspectos específicos a veces en controversia con los alejandrinos. Tampoco se interesaron por cuestiones literarias en exclusiva sino que, en sus trabajos se ocuparon de aspectos tales como la topografía, las inscripciones, la geografía, etc. Por último, los filósofos estoicos se interesaron por la interpretación la obra de Homero de forma alegórica y se ocuparon de la gramática y la lingüística. Entre los estudiosos de Pérgamo podemos destacar a Apolonio de Perge, Crates de Malos y Apolodoro de Tarso.

Las ediciones, tanto alejandrinas como las de Pergamo, llegaron a adquirir gran prestigio. Estas ediciones de un solo ejemplar y escritas ya en alfabeto jonio se convirtieron en modélicas, razón por la cual se las conoce también como "prearquetipos" y de ellas derivaron los llamados arquetipos romanos.

Época Romana:

Resulta difícil precisar cómo fue exactamente la divulgación y el comercio de libros entre el público lector durante la época Helenística y tampoco sabemos en qué medida el público podía acceder a las ediciones comentadas que hemos descrito en el apartado anterior. Sin embargo, durante la época Romana, sí parece que se produjeron tanto un importante comercio de libros como intercambios entre amigos. Autores como Cicerón o Galeno atestiguan que el escritor solía dar a leer sus escritos a personas de su confianza antes de publicar una versión definitiva de sus obras. Después, los libreros se encargaban de hacer varias copias en ediciones económicas, a través de esclavos, que luego se divulgaban entre público.

En esta época, además, surgen las primeras bibliotecas públicas y, sabemos que algunas de las bibliotecas privadas que existían estaban a disposición de quien quisiera consultarlas. Durante el Imperio, probablemente se reeditaron las obras más importantes, tanto de poetas como de prosistas, y los estudiosos continuaron comentándolas al modo de los alejandrinos, i.e. cotejando varios manuscritos para establecer el texto, evitando hacer correcciones innecesarias y, lo más importante, acercándose a la forma de pensar y de expresarse del autor en cuestión.

También en esta época se produjo un acontecimiento decisivo para la historia del libro. Se produjo un cambio de soporte, del volumen de papiro al códice de pergamino. Esto se hizo de forma gradual entre los siglos II al IV. El códice tiene, en principio, el mismo aspecto que nuestros libros de papel. Aunque la innovación tiene origen romano, arraigó primeramente en el mundo cristiano. Las ventajas son importantes: el códice dura más que el papiro (un rollo podía durar hasta 300 años) lo cual fue fundamental para la transmisión de la literatura clásica. El códice es más manejable que el rollo y puede contener más texto. Al ir numerado y llevar un índice, es más fácil referirse a un texto. Esto libraba también al texto de interpolaciones falsas y demás interferencias, fundamental sobre todo para los textos sagrados. El cambio supuso la transferencia gradual de textos de una forma a la otra. Sin embargo, parte de la literatura se perdió por no ser copiada en el nuevo formato. Se establecieron cánones de autores y obras y los textos menos leídos debieron permanecer en papiro hasta que la acción del tiempo acabó con ellos. Según los estudiosos, la mayor parte de las pérdidas de textos griegos se produjeron en esta época, entre los siglos II y III d.C.

De época romana son bastantes de los llamados "arquetipos" que Dain define como "testimonios más antiguos de la tradición en que el texto de un autor se encuentra consignado en la forma en que se nos ha transmitido". A nosotros no nos han llegado y solamente podemos reconstruirlos a través de sus descendientes. Sin embargo, sí parece que consiguieron llegar a la siguiente etapa importante de transmisión de textos, el siglo IX.

En la última etapa de la Antigüedad se produjo un paulatino desinterés por la cultura y, sobre todo, por la conservación y la transmisión de los textos clásicos. La administración del imperio resulta cada vez más compleja y las personas cultas tienden a formarse de forma más práctica mostrando interés fundamentalmente por el derecho y la retórica para poder acceder a puestos de funcionarios del Estado romano.

En el año 395 el emperador Teodosio divide el imperio en dos mitades, la de occidente, de habla latina, y la de oriente, de habla griega. La cultura griega se pierde en Occidente y no se recuperará hasta el Renacimiento italiano. Sobrevivirá en Oriente gracias a la lenta evolución de la lengua griega que posibilita que aún en esta época los textos antiguos sigan pudiendo entenderse sin gran dificultad. La actividad textual en esta época es mínima y se centra prácticamente en conservar los textos.

El periodo bizantino:

El Imperio Bizantino se encargará de conservar y transmitir la cultura griega durante más de diez siglos, hasta la caída de Constantinopla en el año 1453 a manos de los turcos. Para explicar la transmisión de la cultura griega durante este largo periodo de tiempo podemos distinguir básicamente tres etapas: los primeros siglos, la revitalización de la cultura bizantina a partir del siglo IX y el llamado Renacimiento Bizantino.

a) Los primeros siglos:

A partir de finales del siglo IV se considera el comienzo de la Edad Media en Europa. De entre todas las culturas medievales fue la bizantina la que mayores esfuerzos realizó en pro de la conservación de la cultura de la Antigüedad. En el año 340 Constancio II creó la Universidad de Constantinopla que, poco a poco, atrajo a la ciudad a profesores de gramática, retórica y filosofía. En ella se logra reunir, además, una gran colección de obras literarias antiguas y en su *scriptorium* se copiaban y transcribían obras clásicas de poesía, historia, filosofía y oratoria.

Durante los siglos IV al VI el mundo editorial se mantiene fundamentalmente gracias a la labor docente. Los libros circulaban libremente por todo el imperio bizantino ya que, tanto profesores como alumnos se desplazaban de escuela en escuela con asiduidad.

En la Universidad de Constantinopla se hizo una nueva selección de obras que, en el caso de la tragedia, son las que han llegado hasta nuestros días. Las ediciones, en pergamino, destacan externamente por su gran belleza. Los textos están escritos en letra uncial, como en el periodo anterior. Faltan los acentos y los signos de puntuación y los textos se presentan en forma colométrica, es decir, por unidades de sentido, tanto el verso como la prosa. Otra novedad es la colocación de escolios en los márgenes transmitiéndose estos junto al texto que se comenta. Desde el punto de vista interno, los métodos permanecieron idénticos a los de la filología de la época alejandrina.

En resumen, la labor textual llevada a cabo en Bizancio en esta época es, frente a la época anterior, de conservación, recopilación y selección.

En el año 529 se produce un duro golpe para la tradición clásica. El emperador Justiniano, temeroso de la ira de Dios, prohíbe el paganismo y hace cerrar las escuelas paganas. Esto tiene como consecuencia que los sabios se ven obligados a marcharse; se destruyen imágenes paganas y se queman libros. El renacimiento que acabamos de describir durante la época de Constancio II llega a su fin. La cultura clásica sobrevive en los monasterios pero, a su vez, sufre el golpe de la invasión árabe que acaba por hundir a la cultura antigua. Los árabes conocerán la cultura griega a través de traducciones pero serán, principalmente, obras científicas y filosóficas.

b) La revitalización de la cultura bizantina a partir del siglo IX:

Tras la agitación vivida durante el movimiento iconoclasta, la cultura bizantina vuelve a renacer en lo que se ha llamado "segundo helenismo". Por un lado, en el año 814 León V había ordenado buscar masivamente textos antiguos. Por otro, César Bardas ordena reabrir la Universidad de Constantinopla en el año 850 y, como consecuencia, se inicia una nueva etapa en la que se revisarán, copiarán y comentarán los textos antiguos. La tarea la llevaron a cabo León el filósofo y Juan el gramático que, junto con Focio, el patriarca de Constantinopla, hombre de amplísima cultura y aficionado a la lectura de obras antiguas, reorganizaron el ambiente cultural.

Básicamente la tarea que se llevó a cabo fue la de copiar estos viejos manuscritos escritos en letra uncial en una escritura más pequeña y rápida: la minúscula. A estos nuevos textos se les conoce como "ejemplares transliterados". Van Groningen distingue cuatro etapas en la copia y, así, llama *vetustissimi* a los ejemplares transliterados del 800 al 1050; *vetusti* a los que se transliteraron desde el año 1050 hasta el 1250; *recentiores* son aquellos que se copiaron del 1250 al 1450; por último, son *codices novelli* los transcritos a partir de 1450 y coetáneos de las ediciones príncipes.

Esta operación se hizo de forma sistemática y rigurosa pues se intentaba dotar a las bibliotecas de buenos ejemplares desde los que hacer nuevas copias. Esto provocó, a su vez, la destrucción, pérdida o reutilización de los viejos manuscritos en uncial (palimpsestos).

Lo primero que se hizo fue buscar y recopilar los viejos códices. Luego se produjo la transliteración con una presentación más cuidadosa separando las palabras y empleando los signos de puntuación de forma sistemática. En los márgenes se anotaron las variantes textuales y se acompañaron de nuevos escolios. Impulsores de este fenómeno cultural fueron también Aretas y Constantino Porfirogénito.

En lo que a edición de textos se refiere, parece que la tónica general en el mundo bizantino fue la de comparar varios manuscritos eligiendo la lectura que se consideraba más adecuada. Uno de los grandes maestros fue Eustacio de Tesalónica cuyos comentarios a la *Ilíada* ejemplifican cómo se editaban los textos de esa época.

En primer lugar, copiaba el texto de Homero y en el margen de cada folio anotaba los términos que quería explicar seguidos de los comentarios propiamente dichos. En el margen exterior realizaba a menudo una síntesis de estos comentarios resaltando algún aspecto gramatical o retórico y, sobre todo, incluía las distintas lecturas del texto (*variae lectiones*). Los márgenes superior e inferior los reservaba para añadir información según consultaba nuevos manuscritos.

Siempre tenía este documento en sus manos (conservamos su autógrafo) y lo iba completando según encontraba en otros manuscritos información digna de conservarse.

La edición no se produjo en un solo momento sino paulatinamente y esta será la forma de proceder de otros maestros medievales en códices de poetas antiguos.

Los cambios de tinta pero no de mano, colocación de acentos, abreviaturas, etc., indican los sucesivos trabajos de un mismo maestro. Hay códices en los que se observa la intervención de diversos copistas. Eran ediciones abiertas, en definitiva.

Sobre las líneas del texto traducía los versos de Homero mediante una paráfrasis. A veces cita los autores que le sirven como fuente para sus notas pero la mayor parte de las veces guarda silencio.

Este procedimiento lo siguieron también escoliastas de otros poetas y los lexicógrafos. Hay que remarcar que el objetivo principal de las ediciones bizantinas era la enseñanza en las escuelas y el comentario de obras de grandes escritores.

c) El Renacimiento Bizantino:

En el año 1204, Constantinopla es conquistada por los cruzados que la saquean y establecen el llamado Imperio Latino hasta el año 1261. Hay que destacar que, durante este periodo se produjeron grandes pérdidas de textos. Como consecuencia, se produjo el desplazamiento de toda la actividad cultural a Nicea durante cincuenta años.

Tras la recuperación de Constantinopla para el Imperio Bizantino, se produce un nuevo movimiento de copia y estudio de textos. Multitud de manuscritos llegan a la capital procedentes de otras regiones ante el inminente avance turco en Asia Menor. Paralelamente, en este periodo comienza a generalizarse el uso del papel, material mucho más barato de producir que el pergamino, con lo que se consiguió hacer un número mayor de copias de textos.

A esta etapa corresponden los llamados "prototipos" o modelos de cada rama de la tradición, en la terminología de Dain, y los *recentiores*, textos de menor formato usados como material de trabajo y, por ello, menos cuidadosos en lo que a la presentación se refiere.

Estudiosos destacados fueron Máximo Planudes, su discípulo Manuel Moscópoulo y Tomás Magistro. Pero el más famoso de todos fue Demetrio Triclinio, discípulo de Magistro cuyo trabajo enlaza con la olvidada tradición alejandrina y sienta las bases de la filología moderna. Para sus ediciones utilizó manuscritos muy antiguos y seleccionó lecturas tomadas de muy diversas fuentes que justificó debidamente en forma de escolios. Se basó en principios métricos para establecer el texto correcto adoptando los principios de Hefestión. En otras ocasiones se vio obligado a recurrir a la gramática para solventar problemas ortográficos. Por último, empleó signos para dividir el texto de las obras.

Triclinio fue el último de los grandes maestros bizantinos. Poco después, en 1453, se produce la toma de Constantinopla por los turcos poniendo fin al Imperio Bizantino.

Italia:

La conquista de Constantinopla terminó con la erudición bizantina pero, por suerte, no acabó con el proceso de transmisión de textos griegos. Los maestros bizantinos huyeron de Constantinopla y se refugiaron en Italia que, en este momento comenzaba a interesarse por la literatura clásica, movimiento que desembocará en el Renacimiento. Paralelamente, en el sur de Italia, existía una tradición de siglos de copia de manuscritos griegos. La llegada en masa de profesores griegos portadores, a su vez, de más textos, sienta las bases para un conocimiento más profundo del griego en Italia. El creciente interés por la tradición griega hace que se busquen y recopilen textos por todas partes.

La invención de la imprenta ayudó en gran medida a la difusión textual. En un primer momento, los impresores se encontraron con el problema gráfico que plantea la existencia de un alfabeto distinto para el griego. Económicamente no interesaba producir textos con tan poca demanda, por lo que, al principio, los impresores se centraron en la tradición latina y en la impresión de traducciones del griego al latín, muy de actualidad en esta época.

En lo que respecta a ediciones de textos griegos en Italia, hay que destacar la labor de Aldo Manuzio aficionado a la cultura griega y que fomentó el estudio de la lengua creando, en primer lugar, una academia y, después, fundando una imprenta que en veintiún años edita veintisiete *editiones príncipes* en colaboración con Marco Musuro que se encargaba de corregir las posibles corrupciones de los manuscritos. Las llamadas ediciones aldinas fueron las pioneras de lo que después se imprimió en el resto de Europa.

Los estudiosos e impresores renacentistas se esforzaron por reunir, sanear y divulgar un cuantioso volumen de textos aportando, a la vez, numerosos auxilios destinados a facilitar la comprensión por parte del lector entre los que se cuentan las traducciones. Se usaban como base los textos *deteriores* que se corregían cotejando otros códices o por conjetura. La impresión de textos acabó con la pérdida de muchos manuscritos pues se pensaba que, una vez impresos, estos carecían de valor.

Conclusión:

La transmisión de textos griegos no termina con la invención de la imprenta. Cada nueva edición y comentario de una obra supone un paso más en el proceso de transmisión. Sin embargo, como hemos visto, el hecho de que en la actualidad conservemos tantos textos griegos es poco menos que milagroso.

Los textos han pasado por las distintas etapas históricas y cada una de ellas ha aportado lo mejor que tenía para conservar este tesoro cultural. En este sentido, hemos de estar agradecidos a tantas personas, anónimas o no, que han contribuido a su conservación. Paralelamente, los textos también han ido de la mano del mercado y la demanda editorial. Cuanto más atrás retrocedamos en el tiempo, el interés por la cultura y por los textos es más minoritario y, a la vez, las técnicas de producción y los materiales resultan más costosos.

El hecho de que los textos hayan pasado por tantas manos hasta llegar a hoy podría hacernos pensar que lo que nos ha llegado quizá no tenga nada que ver con lo que los escritores escribieron originalmente. Se han hecho muchos estudios sobre cada una de las obras y los investigadores han comparado las fuentes disponibles para concluir que, efectivamente, podemos decir que el trabajo de los grandes filólogos antiguos nos ha asegurado unos textos que, con todo rigor, deben diferir muy poco de lo que en un principio escribieron sus autores.

Bibliografía:

-Bernabé, A., (1992), *Manual de crítica textual y edición de textos griegos*, Madrid, Ediciones clásicas.
-Bernabé, A., (2008), *Transmisión de la literatura griega* en *Historia de la literatura griega*, págs. 1189 – 1205, Madrid, Cátedra.
-Caballero, R., (1999), *La transmisión de los textos griegos en la Antigüedad Tardía y el mundo bizantino: una ojeada histórica* en *Revista Tempus* nº 23, Málaga, Universidad de Málaga.
-Morocho Gayo, G., (2003), *Estudios de crítica textual (1979 – 1986)*, Murcia, Universidad de Murcia.
-Reynolds, L. D., (1986), *Copistas y filólogos*, trad. esp., Madrid, Editorial Gredos.